Renata Sant'Anna Valquíria Prates

Frans Krajcberg
A obra que não queremos ver

caderno ateliê

Paulinas

Um caderno-ateliê?!

Os artistas contemporâneos têm diferentes
modos e maneiras de pensar e fazer arte.
Experimentar os mesmos materiais
e processos de criação desses artistas
facilita o entendimento de suas obras.

O caderno-ateliê é um espaço de experiências
onde você realizará um percurso de atividades
inspiradas na produção artística de Frans Krajcberg.
Ao final, você poderá registrar as ideias que
surgiram durante a realização dos exercícios.

Mãos à obra!

Observar, imaginar e desenhar

Frans Krajcberg admira as inúmeras possibilidades
de combinação de cores e formas existentes na natureza
e, a partir de suas observações, criou pinturas e desenhos.
Você já observou detalhadamente a natureza? Prestou atenção
em quantas cores, formas e texturas podemos encontrar nas plantas,
nas pedras e em tudo o que nos cerca?

Desenhar é um exercício de observação, uma maneira de olharmos com atenção
para detalhes que nunca havíamos notado.

- Chegue bem perto de uma flor ou folha.

- Olhe atentamente suas partes, cores, texturas e contornos.

- Desenhe o que você achou mais interessante.

- Imagine como você a veria se ela fosse maior que você.
  (Como se você pudesse andar sobre suas pétalas e folhas!)

- Faça outro desenho e o compare com o primeiro.

- Em que eles são parecidos ou diferentes? Por quê?

Da natureza à moldura

Em suas caminhadas, Krajcberg recolhia terra, pedras e galhos, organizava-os em novos espaços e ia construindo seus *Quadros-objeto* e *Placas*, obras que emolduravam a natureza transformada pelo artista.

- Em seu próximo passeio em um parque, praça ou jardim recolha galhos, folhas secas ou outros elementos descartados pela natureza e leve tudo para sua casa.

- Para transformá-los em quadros ou placas, pegue a tampa de uma caixa de sapato ou de pizza e distribua os objetos coletados, ocupando todo o espaço livre.

- Experimente colocá-los de várias maneiras diferentes.

- Quando achar que terminou e quiser que os elementos fiquem fixados, passe bastante cola branca entre eles.

- Deixe secar por 48 horas e escolha um local para pendurar seu exercício.

Impressões naturais

Krajcberg fez muitas impressões.
Passava tinta na superfície de cascas, folhas e troncos de árvores
e nela encostava uma folha de papel japonês para imprimir
as linhas e formas desenhadas pela própria natureza.

Se você quiser realizar um exercício parecido, faça a sua montagem assim:

- Escolha pedaços de madeira e folhas de formatos e texturas diferentes, nos quais você possa encontrar linhas e formas interessantes.

- Passe tinta guache com um pincel ou com seus dedos apenas nas áreas que você quer que apareçam em sua impressão.

- Pegue uma folha de papel fino e maleável e coloque-a sobre a superfície onde você passou a tinta.

- Faça uma leve pressão com as mãos sobre a folha por alguns instantes e retire-as para ver como ficou sua experiência.

Relevos em papel

Uma das técnicas mais demoradas e trabalhosas de Krajcberg é a realização de gravuras em relevo, feitas a partir de moldes de folhas ou de cascas de árvores.

Você também pode criar relevos:

- Recolha uma folha seca de árvore ou planta ornamental de sua casa.

- Passe sobre ela uma camada fina de vaselina.

- Prepare numa bacia uma mistura com 2 copos de água e 5 colheres de cola branca.

- Corte 3 folhas de jornal em tiras de 2 cm de largura por 30 cm de comprimento.

- Mergulhe uma tira na mistura da bacia e coloque-a sobre sua folha na horizontal, cobrindo-a da esquerda para a direita.

- Repita esta ação até cobrir completamente a folha, colocando algumas tiras na vertical, outras na horizontal e outras na diagonal, fazendo várias camadas de papel que cubram a área ao redor da folha também.

- Deixe secar por 48 horas. Separe cuidadosamente sua folha da superfície do jornal.

- Pinte seu relevo com as cores que escolher.

Da morte à vida

Krajcberg faz enormes esculturas utilizando materiais naturais
recolhidos em suas viagens e caminhadas.
O artista só leva para seu ateliê pedaços ou partes de árvores
que sofreram algum processo de deterioração,
atingidos por algum crime ecológico, por parasitas
ou pela ação da própria natureza.

Para fazer um exercício de construção de um objeto:

- Em uma caminhada na rua, em seu quintal ou em um parque, recolha apenas o que estiver abandonado no chão: pedaços de madeira, folhas, raízes ou sementes.

- Limpe-os bem e use sua criatividade para construir um objeto que fique em pé.

- Você pode usar cola, barbante ou argila para unir as partes de sua escultura.

- Quando estiver satisfeito com o resultado, pinte-o com tinta guache ou deixe-o em sua cor natural.

Frans Krajcberg à primeira vista

Observe, ao lado, as etapas de criação de Krajcberg.
Você experimentou algumas das ideias presentes nessas obras.

Qual delas você gostou mais de conhecer? Por quê?

Qual atividade do seu caderno-ateliê teve o resultado mais surpreendente?

Qual foi a mais difícil?

Se quiser, conte para nós o que você achou da produção de Frans Krajcberg antes e depois de usar seu caderno-ateliê.
Mande um e-mail para:
arteaprimeiravista@gmail.com

Placas

Gravuras.

Quadro-objeto

Gravuras em relevo

Esculturas

Pinturas

Os ninhos de Krajcberg

Krajcberg é como um pássaro que migra de um local a outro
a procura de um lugar para seu ninho.
Como a maioria dos pássaros, construiu sua casa suspensa em uma árvore.
Suas raízes estão espalhadas por várias cidades e florestas:
Nova Viçosa (BA), Amazônia, Itabirito (MG), Paris (França), Ibiza (Espanha)
e outros tantos lugares por onde vem passando.

Agora que você já conhece a obra de Frans Krajcberg,
descubra onde ele nasceu, as cidades de seus ateliês
e as reservas florestais que visita.

Tente localizar em um mapa-múndi alguns dos lugares
por onde ele passou.

Complemente sua pesquisa na internet em sites de busca ou em:
<www.itaucultural.org.br/enciclopedia>.

Minhas ideias e escolhas

A partir do contato que teve com a obra de Frans Krajcberg neste livro, você pode anotar suas ideias.
Para isso, precisamos lembrar que os artistas fazem escolhas muito importantes quando elaboram seus trabalhos, como, por exemplo:

- Como concretizar a sua ideia?
- Qual material vai ser usado?
- Que tamanho vai ter o seu trabalho?
- Qual técnica usar?
- Como as pessoas vão entrar em contato com seu trabalho?
- É um trabalho feito para ser apenas observado?
- Em caso afirmativo, ele estará pendurado em uma parede, colocado sobre uma mesa ou no chão? Terá moldura?
- Deve ser tocado pelo público? Como?
- Ele teria um nome? Qual seria?

Acompanhamos as escolhas de Krajcberg de duas maneiras: no livro e nas atividades do caderno-ateliê.
Quais foram as escolhas do artista em cada obra?
Que tal começar a fazer suas próprias escolhas?

Grite também, denuncie!

Todos os dias acontecem diversos crimes ambientais no mundo.
O meio ambiente é prejudicado de diferentes formas.
Água, ar, terra, fauna e flora, todos são atingidos, direta ou indiretamente.
Podemos colaborar para que isso não aconteça!
Krajcberg se manifesta denunciando os abusos contra a natureza com seu trabalho,
mas há muitas maneiras para fazermos denúncias sobre:
- queimadas em áreas preservadas de parques ou reservas ambientais;
- pessoas comercializando ou mantendo animais silvestres em cativeiro sem autorização;
- derramamento de substâncias poluentes nas águas de rios, córregos ou no mar;
- emissão de substâncias poluentes no ar

ou quaisquer outras situações em que você suspeite que exista prejuízo à natureza.

Por isso, se um dia você presenciar um crime ecológico,
anote de maneira detalhada as seguintes informações:

- **o que aconteceu:** escreva qual foi o crime cometido, quem foi o responsável, como estava vestido e se estava acompanhado;
- **como aconteceu:** explique como o crime foi cometido, detalhando a ação que prejudicou o meio ambiente;
- **onde aconteceu:** descubra a localização exata e os pontos de referência gerais para que a ajuda possa chegar o mais rápido possível;
- **quando aconteceu:** marque data e hora em que você testemunhou o crime ecológico.

Essas informações são importantes para que os culpados sejam localizados
e responsabilizados.

Escolha, então, a melhor maneira de denunciar:
por telefone: Linha Verde do IBAMA (Brasil) – Tel.: 0800-618080 (ligação gratuita 24h)
por e-mail: linhaverde.sede@ibama.gov.br

Telefones para denúncia

Crimes ambientais: | **Ligue para:**

Ambiente marinho — CEBIMAR (USP) tel.: (12) 462-6455

Animais em geral — Fundação Rio-Zoo tel.: (21) 2569-2024

Animais silvestres e/ou em extinção
Caça ou pesca predatória
Unidades de Conservação
Florestas e desmatamento
Recursos hídricos

IBAMA (RJ) tel.: (21) 2506-1700/2506-1737
IBAMA (SP) tel.: (11) 3083-1300/3081-8752
IBAMA (MG) tel.: (31) 3292-6526
IBAMA (BA) tel.: (71) 345-7322
IBAMA (RN) tel.: (84) 201-5840
IBAMA (PR) tel.: (41) 322-5125
IBAMA (RS) tel.: (51) 3225-2144
IBAMA (AM) tel.: (96) 214-1100
IBAMA (MS) tel.: (67) 382-2966
IBAMA (DF) tel.: (61) 224-2160

Animais venenosos ou peçonhentos — Instituto Butantã tel.: (11) 3726-8381/3726-9257

Animais, peixes e plantas tropicais — Projeto Mamirauá tel.: (91) 249-6369

Árvores e plantas em geral
Mata Atlântica

Jardim Botânico (RJ) tel.: (21) 2294-6012
Instituto Florestal (SP) tel.: (11) 6952-8555
SOS Mata Atlântica tel.: (11) 3887-1195

Baleias e grandes cetáceos

Projeto Baleia Jubarte tel.: (73) 297-1320
Projeto Mamíferos Aquáticos tel.: (21) 2587-7133

Biodiversidade e ecossistemas — WWF tel.: (61) 364-7400/364-7474

Focas e leões-marinhos

Projeto NEMA tel.: (53) 236-2420
Projeto Mamíferos Aquáticos tel.: (21) 2587-7133

Golfinhos e botos

FBCN/Projeto Cetáceos tel.: (21) 2537-7565
Projeto Mamíferos Aquáticos tel.: (21) 2587-7133

Maus-tratos aos animais — Sociedade Protetora dos Animais tel.: (21) 2501-9954

Peixes marinhos — FIPERJ (RJ) tel.: (21) 2625-6375/2625-6712

Praias, dunas e região costeira — Projeto NEMA tel.: (53) 236-2420

Qualidade/poluição ambiental

FEEMA (RJ) tel.: (21) 3891-3366/2589-3724
CETESB (SP) tel.: (11) 296-6711/3030-7000

Reciclagem e meio ambiente — Recicloteca tel.: (21) 2552-6393/2552-5996

Rios e lagoas — SERLA (RJ) tel.: (21) 2580-6343

Tartarugas marinhas — Projeto Tamar tel.: (71) 676-1045

As autoras

Renata Sant'Anna (Renata Sant'Anna de Godoy Pereira)

Formada em Artes Plásticas na FAAP em 1985, é mestre em Artes pela Escola de Comunicações e Artes da USP (2000). Trabalhou em diversos museus e instituições culturais: 19ª Bienal Internacional de São Paulo, Atelier des Enfants, no Centre Georges Pompidou (1991), Departamento Cultural do Musée D'Orsay (1996), em Paris, National Gallery of Art, Washington, D.C., EUA (1998). Em 2011, participou do Programa de Residência Cultural em Paris, Courants de Monde, organizado pelo Ministério da Cultura e Comunicação da França.

Além dos títulos da coleção Arte à primeira vista, é autora de outros livros de arte para o público infantil e também para professores, entre eles: *Para comer com os olhos*, Panda Books (2011), selecionado para o Plano Nacional do Livro Didático (PNLD, 2013); *De dois em dois, um passeio pelas Bienais*, CosacNaify (2010); *Histórias da Arte*, Globo (2006); *Saber e ensinar Arte Contemporânea*, selecionado para o, Programa Nacional Biblioteca da Escola (PNBE, 2010) do MEC.

Desde 1989, trabalha como educadora na Divisão Técnica-Científica de Educação e Arte do Museu de Arte Contemporânea da Universidade de São Paulo.

Valquíria Prates (Valquíria Prates Pereira Teixeira)

Educadora, curadora, escritora, mestre em Educação pela USP e formada em Letras pela mesma universidade. Pesquisa curadoria, mediação e público de arte contemporânea. Desde 1996, desenvolve projetos de curadoria educativa, mediação e publicações para as seguintes instituições culturais: Fundação Bienal de São Paulo, Instituto Itaú Cultural, Pinacoteca do Estado, Museu Lasar Segall, Caixa Cultural, Associação Cultural Videobrasil, Museu de Arte Moderna da Bahia, Usiminas Cultural, SESC São Paulo, Prefeitura Municipal de São Paulo, Associação Cultural Videobrasil e Instituto Cultural Usiminas.

A coleção "Arte à primeira vista" mostra às crianças a produção artística atual, apresentando diferentes conceitos, propostas e suportes das obras de diversos artistas com o objetivo de favorecer o contato dos leitores com a Arte Contemporânea Brasileira.

Cada título é acompanhado por um caderno-ateliê, que convida a criança a entender e experimentar os processos de criação dos artistas.